Te 77/211

DES INDICATIONS

DE

LA THORACENTÈSE

PAR M. HENRI GINTRAC

PROFESSEUR DE CLINIQUE INTERNE A L'ÉCOLE DE MÉDECINE DE BORDEAUX.

Plusieurs de nos honorables Collègues ont rapporté des exemples d'épanchements pleurétiques pour lesquels la ponction est devenue nécessaire. Ce mode de traitement n'est point de date récente. Il aurait même, dit-on, une origine fabuleuse. On raconte qu'un certain Phalès ou Jason, atteint d'un empyème déclaré incurable, chercha par désespoir la mort dans les combats. Il reçut dans la poitrine un coup de lance qui le guérit de son mal.

C'est Hippocrate qui, le premier, a pratiqué cette opération et en a déterminé les indications principales.

Je ne veux point tracer l'historique de la thoracentèse, qui se trouve d'ailleurs consigné dans tous les Traités de Pathologie; ce serait en ce moment un hors-d'œuvre. Je ferai seulement remarquer que cette méthode a subi de nombreuses vicissitudes. Elle a eu ses jours de décadence et de prospérité; elle a eu ses détracteurs et ses enthousiastes. Aux XVIe et XVIIe siècles, elle avait pris faveur, à tel point qu'en 1621 Jérôme Gaulu soutenait publiquement que la paracentèse du thorax réussissait mieux que celle de l'abdomen. Plus tard, elle tombe en discrédit, elle est regardée comme dangereuse par Corvisart, Rochoux, Chomel, M. Louis. Dupuytren lui-même, aux derniers jours de sa vie, en méconnaît l'utilité. Atteint d'un épanchement pleurétique considérable, il accepte la ponction, et réclame Sanson pour la lui pratiquer; puis, au moment convenu, il la repousse, malgré le danger dont il se sent menacé, s'écriant qu'il préférait mourir de la main de Dieu que de celle des hommes.

Dans ces dernières années, la thoracentèse a été remise en onneur. Je n'ai pas besoin de rappeler les noms des médecins éminents qui ont contribué à en généraliser l'emploi. Cinq fois depuis 1849 elle a été discutée à l'Académie de Médecine, à la Société médicale des hôpitaux de Paris, et néanmoins son opportunité soulève de nombreuses divergences. Les uns la considèrent comme inutile, inopportune, même dangereuse; les autres la proclament utile, indispensable, et surtout d'une innocuité absolue. Ses indications sont loin d'être établies d'une manière magistrale; quelques jalons ont bien été placés, mais il n'existe pas de règles propres à guider sûrement le praticien dans ses décisions. Cette incertitude tient à ce que l'on n'a pas suffisamment déterminé le substratum de l'indication, c'est-à-dire l'état pathologique qui commande ou repousse la ponction thoracique.

La Société médico-chirurgicale a donc eu une heureuse idée en mettant à l'ordre du jour une question de cette importance pratique. Il est du devoir de ceux qui ont eu occasion d'observer des faits de thoracentèse d'en donner les résultats. C'est pour obéir à ce sentiment que je prends aujourd'hui la parole.

J'ai l'honneur de présenter à la Société quatre ou plutôt cinq observations d'épanchements pleurétiques ayant nécessité la ponction. Ces observations ont été recueillies dans mon service de clinique avec grand soin et dans tous leurs détails par M. Lacaze, interne et aide de clinique. Je n'en donnerai qu'une simple analyse, afin d'éviter des répétitions fastidieuses.

OBS. I. — *Épanchement pleurétique gauche. — Déviation du cœur. — Thoracentèse. — Issue de 300 grammes d'un liquide séreux. — Guérison.*

Beurnac (Jean), âgé de trente-un ans, du Cantal, d'une forte constitution, d'un tempérament lymphatico-sanguin, éprouve le 1ᵉʳ juin 1865, à la suite d'un refroidissement, un frisson suivi de fièvre, une douleur vive au niveau du mamelon gauche, une toux quinteuse et sèche. La douleur aiguë cède pendant quelques jours; elle est remplacée par un sentiment de pesanteur. Plus tard, elle reparaît avec une nouvelle intensité et s'accompagne de gêne de la respiration. B. se rend à l'hôpital Saint-André; il est admis à la clinique le 18 juin, présentant l'état suivant :

Décubitus dorsal, face pâle, peau chaude, pouls à 80, peu développé; toux peu fréquente et sèche, douleur au niveau du sein gauche, augmentée par la pression, surtout par une forte inspiration, dyspnée peu considérable. Matité dans les deux tiers inférieurs du côté gauche de la poitrine, sonorité limitée dans la région sous-claviculaire. Au niveau des points mats, vibrations thoraciques diminuées, murmure respiratoire aboli, point de souffle tubaire ni d'égophonie; le cœur a conservé sa place et ses limites habituelles. État normal de la plèvre et du poumon droit, d'après les résultats de la percussion et de l'auscultation; intégrité des organes digestifs. (Deux vésicatoires à la base du poumon gauche; scammonée, 1,00; poudre de scille, 0,50.)

12. Respiration plus gênée, 40 inspirations; pouls petit, à 104. Le côté gauche de la poitrine est dilaté; comparé au droit, il a 3 centimètres de plus. Immobilité des côtes gauches. La matité remonte jusqu'à deux travers de doigt au-dessous de la clavicule; son tympanique manifeste dans le premier espace intercostal. Le murmure respiratoire est conservé en ce dernier point, ainsi que dans les fosses sus et sous-épineuses; il n'est point perceptible à la partie moyenne et inférieure, souffle tubaire près de l'angle inférieur de l'omoplate, point d'égophonie, battements du cœur seulement distincts à droite du sternum.

Malgré de nouveaux vésicatoires et l'emploi de poudres purgatives et diurétiques, l'épanchement augmente d'une manière sensible, la cavité pleurale se remplit dans sa totalité, le bruit skodique sous-claviculaire a disparu, il est remplacé par une matité absolue. On ne distingue dans ce côté ni murmure respiratoire, ni souffle tubaire. Les vibrations sont entièrement abolies; le pouls donne de 130 à 140 pulsations; la respiration est gênée, 44 inspirations; l'asphyxie est imminente. M. Lanelongue, alors chef interne, pratique le 15 juin la thoracentèse. Il plonge dans le sixième espace intercostal le trocart, qui donne issue à 300 grammes d'un liquide citrin albumineux. Sans nul doute, il existait une plus grande quantité de liquide dans la plèvre. Des positions différentes sont données au malade, des changements de direction sont imprimés à la canule : impossible d'en obtenir davantage. Craignant que le trocart ne soit obstrué, on introduit dans son intérieur une sonde de gomme élastique. Elle le traverse facilement; arrivée dans la cavité pleurale, elle est arrêtée par un obstacle qui donne la sensation d'un corps mou, mais résistant. Le trocart est retiré. Immédiatement après, l'examen de la poitrine permet de constater que de la sonorité existe dans le côté gauche jusqu'au niveau du sein; que le bruit respiratoire est distinct dans toute cette partie; il est seulement obscur à la base. La gêne de la respiration a diminué; le malade déclare qu'il se trouve dans un état plus calme depuis l'opération. (Acétate d'ammoniaque 10 grammes en potion.)

18. Amélioration notable, respiration plus libre, 30 inspirations, décubitus possible sur le côté droit; la matité ne se retrouve qu'à la base, et surtout en arrière; le murmure respiratoire est encore aboli dans ces points mats, remplacé par le souffle tubaire près de l'angle inférieur de l'omoplate; partout ailleurs il est assez perceptible. Le cœur a repris sa place normale. (Vésicatoires à la base du poumon gauche; chiendent avec acétate de potasse, 10,0; alternativement acétate d'ammoniaque, 8,0, et scammonée, 1,0.)

Sous l'influence de ces moyens employés pendant douze jours, il survient une amélioration notable; le pouls tombe graduellement à 90, 80 et 70 pulsations; la dyspnée disparaît;

il n'existe plus qu'une légère matité à la base de la poitrine ; le bruit respiratoire s'entend assez bien, et comme souvenir de l'épanchement, on constate un bruit de frottement à l'angle inférieur de l'omoplate.

Vers le milieu du mois de juillet, la guérison est définitive ; le malade quitte l'hôpital.

IIe Obs. — *Épanchement pleurétique droit. — Deux ponctions successives : l'une donnant issue à 100 grammes d'une sérosité sanguinolente ; la deuxième à 150 grammes d'un liquide de même nature. — Mort.*

Guibert, âgé de trente-deux ans, domestique à Bordeaux, d'une forte constitution, d'un tempérament sanguin, ayant toujours joui d'une bonne santé, ressent, le 10 novembre 1865, après un travail très pénible, une douleur dans le côté droit de la poitrine, de la toux et une fièvre intense. La douleur diminue pendant quelques jours, puis elle reparaît, s'accompagne de gêne de respiration. Des sinapismes sur le point douloureux et sur les membres, des potions calmantes, n'apportent aucune amélioration. Guibert vient alors à l'hôpital ; c'était le 22 novembre.

Orthopnée ; décubitus possible seulement sur le côté droit ; prolongé sur le gauche, il détermine une grande gêne de respiration ; peau chaude ; pouls assez développé, à 100 pulsations ; face pâle, paroles entrecoupées ; toux peu fréquente, suivie parfois d'une expectoration rare et muqueuse ; sensation de pesanteur dans le côté droit de la poitrine. Ce côté est plus évasé que le gauche ; il a 3 centimètres de plus ; les espaces intercostaux sont saillants, les côtes immobiles. Dans tout le côté droit de la poitrine, matité absolue, même sous la clavicule ; abolition des vibrations thoraciques ; murmure respiratoire entièrement effacé, faiblement distinct dans la fosse sus-épineuse ; point d'égophonie ; souffle tubaire en arrière. État normal du poumon gauche, démontré par la percussion et l'auscultation. Battements de cœur sourds, profonds, appréciables seulement vers l'aisselle gauche. Foie refoulé dans la cavité abdominale. (Deux vésicatoires sur le côté droit de la poitrine. Poudre de digitale, 0,10 ; nitrate de potasse, 2,0 ;

scammonée, 1,0 ; tisane de chiendent avec acétate de potasse, 8,0.)

Ces divers moyens sont employés avec insistance. Le nombre des vésicatoires est porté à huit; des purgatifs et des diurétiques sont donnés à haute dose; néanmoins l'état local ne s'améliore point. La percussion et l'auscultation attestent que l'épanchement n'a subi aucune diminution; il existe dans tout le côté droit une matité complète. Le bruit respiratoire ne se retrouve que difficilement dans la fosse sus-épineuse, partout ailleurs il est nul; les vibrations ne sont point perceptibles. On ne trouve ni souffle tubaire, ni égophonie; on constate quelques râles sibilants et sous-crépitants dans le poumon gauche; le pouls, petit, donne 120 pulsations; la dyspnée devient de plus en plus considérable, parfois il y a de l'asphyxie, du délire; la face est violacée, les extrémités sont froides.

M. Lanelongue pratique la thoracentèse, plonge le trocart dans le sixième espace intercostal; il s'écoule rapidement 100 grammes d'un liquide rougeâtre, puis le jet s'arrête. Voulant connaître la cause de cet arrêt subit, on imprime des mouvements à la canule; elle se meut facilement dans la cavité pleurale, et ne rencontre aucun obstacle. Craignant que la canule ne soit obstruée, on introduit dans son intérieur un stylet qui fait reconnaître qu'elle est libre dans toute son étendue. Immédiatement, une seconde ponction est faite dans le huitième espace intercostal; elle donne issue à 150 grammes de sérosité sanguinolente. Impossible d'en obtenir une plus grande quantité.

Quelques heures après, le pouls se relève; la dyspnée est moindre, mais les résultats fournis par la percussion et l'auscultation ne sont point modifiés; on constate de la matité dans tout le côté droit, et une absence complète du bruit respiratoire.

Les jours suivants, de nombreux vésicatoires sont placés sur le côté droit; des purgatifs sont employés alternativement avec des stimulants diffusibles et des toniques; l'épanchement pleurétique n'en éprouve aucune influence avantageuse; il semble même augmenter : la gêne de respiration est plus grande; le pouls devient petit, plus fréquent, à 130; enfin, la mort arrive quinze jours après la thoracentèse.

Nécropsie. — A l'ouverture de la poitrine, il s'écoule de la plèvre droite une grande quantité d'un liquide séro-sanguinolent; il provient de deux points différents de la cavité pleurale, c'est à dire de la base et du sommet; la partie moyenne n'en contient pas de traces. La disposition de cette cavité explique cette source différente : la cavité pleurale est en effet partagée en trois loges de capacité inégale par deux cloisons, formées elles-mêmes par des fausses membranes résistantes. C'est dans la loge moyenne qu'a pénétré le trocart lors des deux ponctions; aussi est-elle vide, tandis que les deux autres sont remplies d'un liquide rougeâtre. Le feuillet pariétal de la plèvre est tapissé par une fausse membrane, rougeâtre, d'une épaisseur de 5 millimètres. Le poumon droit, réduit au tiers de son volume, est refoulé contre la colonne vertébrale, où il est maintenu appliqué par des fausses membranes épaisses qui le recouvrent en entier. Son tissu, dense, compact, gagne le fond de l'eau; il est exempt de tubercules. Le poumon gauche est engoué. Plongé dans l'eau, il surnage. Le cœur est un peu hypertrophié. Rien à noter dans les organes de la cavité abdominale.

IIIe Obs. — *Épanchement pleurétique gauche. — Thoracentèse, 2,050 grammes de sérosité. — Guérison. — Un mois après, à la suite d'un refroidissement, nouvel épanchement dans la plèvre gauche. — Thoracentèse, 3,200 grammes d'un liquide purulent. — Injection iodée. — Guérison.*

Huet, âgé de vingt-deux ans, maréchal-ferrant à Bordeaux, d'une constitution assez forte, d'un tempérament lymphatico-sanguin, éprouva, le 2 février 1867, à la suite d'un refroidissement, un frisson intense, du malaise, de la fièvre, une douleur au niveau du sein gauche, une toux fréquente, petite, sèche, quinteuse. Cette douleur devenant plus vive et s'accompagnant de dyspnée, Huet est admis à la Clinique le 14 février. Il offre l'état suivant :

Décubitus dorsal, peu de chaleur à la peau; pouls petit, mou, à 92; toux peu fréquente et sèche, 28 inspirations; parole entrecoupée, douleur au niveau du sein gauche; matité absolue dans tout le côté gauche, tant en avant qu'en arrière, et de la base au sommet, sonorité à droite. Bruit respiratoire nul dans le côté gauche, avec souffle tubaire près de l'angle inférieur de l'omoplate, faiblement sensible dans les fosses sus et sous-épineuses; vibrations thoraciques entièrement abolies. Respiration naturelle dans tout le côté droit de la poitrine, cœur légèrement dévié; les battements de cet organe sont surtout distincts le long du bord droit du sternum. État normal des organes digestifs. (Deux vésicatoires sur le côté gauche de la poitrine, sous le sein et à l'angle inférieur de l'omoplate. (Scammonée, 1,0; poudre de scille, 0,60 en quatre paquets.)

15. Dyspnée plus grande, 32 inspirations; pouls petit, à 100 pulsations; décubitus préféré sur le côté gauche, impossible à droite; matité absolue dans tout le côté gauche, même sous la clavicule; bruit respiratoire entièrement aboli, nul retentissement de la voix. (Potion avec acétate d'ammoniaque, 6,0.)

16. La percussion et l'auscultation fournissent les mêmes résultats. Dans tout le côté gauche, la matité est aussi étendue et aussi complète que précédemment; le bruit respiratoire est entièrement impossible à saisir, même lors des grandes inspirations; la physionomie du malade est altérée, les yeux sont excavés, la face est pâle, la respiration difficile, 36 inspirations; le pouls est petit, à 120 pulsations; nécessité absolue de se tenir couché sur le côté gauche; le décubitus à droite ne peut pas avoir lieu.

En présence d'une pareille situation, la paracentèse est décidée. Elle est pratiquée par M. Lacaze, interne du service. La ponction est faite dans le sixième espace intercostal; il s'écoule 2,050 grammes d'un liquide jaune citrin, transparent, qui, essayé par l'acide nitrique, fournit un précipité albumineux abondant.

A mesure que le liquide coule, le malade a de nombreuses quintes de toux. La paracentèse terminée, une exploration rapide du thorax permet de constater de la sonorité sous la clavicule gauche, dans les deuxième et troisième espaces intercostaux. La respiration s'y fait plus régulièrement; le pouls donne 80 pulsations; il est assez développé. (Acétate d'ammoniaque, 10; bouillon.)

17. Sommeil assez calme la nuit dernière, décubitus possible

sur le côté droit, respiration nullement gênée, pouls large, à 88 pulsations; peu de toux sèche, sonorité au sommet du poumon gauche, matité moins prononcée que les jours précédents à la base, bruit respiratoire perceptible au sommet du poumon et vers la partie moyenne, souffle tubaire à l'angle inférieur de l'omoplate, nul retentissement morbide de la voix. Le cœur a repris sa place naturelle. (Infusion de poudre de feuilles de digitale, 1,0; eau, 100,0; nitrate de potasse, 2,0.)

Dès ce moment, une amélioration se produit; chaque jour, elle devient plus manifeste; le pouls descend graduellement à 80, 72, puis 60 pulsations; la dyspnée disparaît; il existe de la sonorité dans tout le côté gauche, le bruit respiratoire y est presque naturel, le cœur a repris sa place; en un mot, la convalescence s'établit d'une manière régulière. Le 6 mars, un nouvel examen démontre l'absence de liquide dans la cavité pleurale; on n'observe plus ni fièvre, ni toux, ni oppression; les forces reviennent, ainsi que l'embonpoint; la guérison peut être considérée comme acquise. Néanmoins, Huet demande à rester quelques jours encore à l'hôpital. Cette permission lui est accordée.

Le 29 mars, Huet éprouve un frisson violent et prolongé, suivi d'une fièvre intense, une gêne considérable de la respiration, de la toux et une douleur vive dans le côté gauche de la poitrine. Examiné le 30 à la visite du matin, il est facile de reconnaître un épanchement pleurétique gauche: Il existe dans tout ce côté une matité qui remonte jusqu'à la clavicule; le murmure respiratoire n'est nulle part distinct; il existe à l'angle inférieur de l'omoplate un souffle tubaire très manifeste. Point d'égophonie. Le cœur est évidemment dévié à droite. La respiration est embarrassée, 34 inspirations; le visage est altéré, la peau chaude, le pouls, petit, donne 120 pulsations. Le frisson qui a marqué le retour de l'épanchement s'est reproduit à diverses reprises dans le courant de la nuit et de la matinée. (Deux larges vésicatoires sur le côté gauche, à la base, onctions avec la teinture d'iode sous la clavicule; potion avec oxymel scillitique, 8,0; teinture de digitale, 1,0.)

L'épanchement est stationnaire, le cœur est refoulé vers le bord droit du sternum, la gêne de la respiration devient extrême, surtout lorsque le décubitus a lieu sur le côté droit;

il y a de l'asphyxie, la face est violacée; il est survenu dans ces derniers jours un amaigrissement général notable, une perte des forces; les membres inférieurs, la paroi thoracique gauche sont le siège d'un œdème. Considérant la persistance des phénomènes locaux, la gravité des phénomènes généraux, l'inefficacité d'un traitement actif, la thoracentèse est décidée. Le malade lui-même, qui en avait obtenu déjà un si bon résultat, la réclame avec instance. Elle est pratiquée le 9 avril; elle donne issue à 3,200 grammes d'un liquide jaunâtre, épais, tout à fait purulent. Dès qu'il est évacué, on introduit dans la plèvre, par la canule du trocart, une solution ainsi composée : Teinture d'iode, 60,0; eau, 150,0; iodure de potassium, q. s. Cette solution est laissée dans la plèvre. On enlève rapidement le trocart, et on recouvre la plaie avec du diachylum. En un mot, les précautions les plus minutieuses sont prises pour empêcher la pénétration de l'air.

Quelques instants après cette opération, le pouls se relève, la respiration devient moins gênée, le décubitus peut se faire sur le côté gauche, la percussion dénote de la sonorité au sommet du poumon gauche, une légère matité à la base; le bruit respiratoire, qui est naturel sous la clavicule jusqu'au niveau du sein, ainsi qu'en arrière dans les fosses sus et sous-épineuses, est seulement affaibli à la base. Le cœur a repris sa place normale. (Acétate d'ammoniaque, 10.)

Le soir, il existe de la fièvre, le pouls est à 100 pulsations, la peau chaude, les yeux sont injectés, le malade éprouve un sentiment pénible de sécheresse à la gorge, un goût métallique fort désagréable.

10 avril. La nuit a été calme, le pouls est tombé à 80 pulsations, la respiration est libre, les phénomènes de percussion et d'auscultation ne se sont point modifiés. (Extrait mou de quinquina, 3,0.)

Pendant quelques jours, il ne se produit aucun changement; l'examen attentif de la poitrine, répété chaque jour, atteste que le liquide épanché ne diminue point; mais l'état général s'améliore, le pouls est moins fréquent, le visage moins altéré; les forces semblent renaître, l'appétit est meilleur, les digestions s'exécutent d'une manière régulière.

A la fin d'avril, l'épanchement pleurétique a complètement

disparu. Il n'y a plus qu'une faible matité à la base de la poitrine. On distingue au niveau de l'angle inférieur de l'omoplate un bruit de frottement; partout ailleurs, le bruit respiratoire est manifeste. Le pouls donne de 60 à 68 pulsations; il est large, bien développé. La respiration s'exécute avec une grande facilité.

Pendant tout le mois de mai, Huet reste à l'hôpital, mange avec appétit, reprend ses forces et son embonpoint, se lève toute la journée; en un mot, il peut être considéré comme guéri. Le 28, il quitte l'hôpital pour se rendre dans son pays (département d'Ille-et-Vilaine). Avant son départ, il est examiné avec soin; la percussion et l'auscultation dénotent qu'il n'existe plus de liquide dans la cavité pleurale. Un bruit de frottement dur au niveau de l'angle inférieur de l'omoplate atteste l'existence de fausses membranes.

J'ajouterai que le 18 juin je recevais une lettre de ce malade, dans laquelle il annonçait que sa santé était complètement rétablie, et qu'il venait de reprendre sa profession de maréchal-ferrant. La guérison était donc évidemment définitive.

IVe Obs. — *Épanchement pleurétique gauche survenu chez un sujet profondément anémique. — Déviation du cœur. — Thoracentèse; deux litres de sérosité. — Mort.*

Goust (Pierre), âgé de trente-six ans, de Bordeaux, terrassier, d'un tempérament lymphatique, eut, en 1862, la dysenterie. Depuis cette époque, il est sujet à de la diarrhée. Sous l'influence d'un simple écart de régime ou de fatigue même légère, il a des vomissements et des selles abondantes et liquides. Il en est résulté une altération notable de sa constitution, perte des forces et amaigrissement.

Vers le milieu de janvier 1867, à la suite d'une impression de froid, il éprouve une vive douleur au niveau du sein gauche, de la fièvre, une toux fréquente et sèche, de la gêne dans la respiration. Un vésicatoire appliqué sur le côté gauche n'apportant aucune amélioration, Goust vient à l'hôpital. Il est admis à la Clinique, et présente les symptômes suivants:

Pâleur de la peau et des muqueuses, bouffissure du visage, amaigrissement général, sentiment profond de faiblesse, pouls petit, à 92; langue un peu rouge sur les bords et à la pointe; inappétence, soif, ventre tendu, douloureux à la pression; un peu de diarrhée. Dyspnée, toux fréquente, quinteuse, sèche, petite; paroles entrecoupées. Matité dans tout le côté gauche de la poitrine remontant jusqu'à deux travers de doigt de la clavicule. Sonorité normale du côté droit. A l'auscultation, bruit respiratoire perceptible sous la clavicule gauche, complètement effacé au niveau du sein, remplacé en arrière par du souffle tubaire; point d'égophonie, vibrations thoraciques abolies. Le côté gauche est dilaté, il mesure 44 centimètres, il est entièrement immobile; les espaces intercostaux sont élargis et saillants. Quant au côté droit, il ne donne que 41 centimètres; le bruit respiratoire y est normal.

Jusqu'au 6 février, le traitement consiste en vésicatoires sur le côté gauche de la poitrine, tisanes avec l'acétate de potasse, potions soit à l'acétate d'ammoniaque, soit au quinquina. L'état général ne s'améliore nullement; les phénomènes locaux ne se modifient point; le pouls reste fréquent, petit; il existe toujours une grande faiblesse avec maigreur; la diarrhée continue; les symptômes de la poitrine semblent s'aggraver, la dyspnée est grande, la matité occupe tout le côté gauche de la poitrine; elle a même atteint la région sous-claviculaire; le bruit respiratoire n'est point perceptible dans ce même côté; on ne constate ni souffle, ni égophonie; le cœur est évidemment dévié, ses battements ne se distinguent qu'à droite du sternum.

Le 7 février, l'asphyxie est imminente; la thoracentèse est alors pratiquée; elle donne issue à deux litres d'un liquide séreux transparent. L'opération terminée, on recouvre la plaie avec une plaque de diachylum. Le pouls se relève, la respiration est moins gênée; le cœur a repris sa place normale; le malade accuse une amélioration notable. (Acétate d'ammoniaque, 6,0; bouillon, eau vineuse.)

8. Nuit calme, sommeil assez prolongé; le côté gauche est évidemment moins dilaté que précédemment; les côtes ne sont plus immobiles, les mouvements d'élévation et d'abaissement s'exécutent avec régularité; la matité ne remonte qu'au niveau du sein; le bruit respiratoire est perceptible depuis la clavicule jusqu'au mamelon; souffle tubaire et égophonie près de

l'angle inférieur de l'omoplate. (Acétate d'ammoniaque, 8,0.)

Les jours suivants l'épanchement ne diminue pas, et on constate, dans tout le côté gauche, de la matité avec absence de bruit respiratoire, souffle tubaire et égophonie. A la partie supérieure, la sonorité est normale et le bruit respiratoire distinct. Le cœur a repris sa place naturelle. Mais il est survenu de la diarrhée, qui résiste au bismuth, au ratania, à l'opium, à l'acétate de plomb, etc., etc.; il en résulte une grande faiblesse, un véritable état cachectique. A ce moment, G... veut revenir chez lui. Je résiste d'abord à sa demande; mais comme il exprime à cet égard une volonté formelle, je suis obligé de céder. Il est, en effet, transporté chez lui, c'est à dire dans une chambre petite, froide et humide. Quelques jours après, il est pris d'une fièvre continue avec vomissements et diarrhée, et il succombe.

Ainsi, sur cinq épanchements pleurétiques traités par la ponction, trois ont guéri. Sans nul doute, le succès doit lui être attribué, car une médication énergique suffisamment prolongée avait complètement échoué, et l'asphyxie était imminente (1).

La thoracentèse a été faite 10, 14, 15, 21, 26 jours après le début de la pleurésie. Elle a toujours été exempte d'accidents primitifs. Chez tous les malades, même chez ceux qui ont succombé, elle a produit un soulagement notable immédiat.

Le liquide épanché n'a jamais été entièrement enlevé; il

(1) Depuis la lecture de ce travail, j'ai pu constater un nouvel exemple de guérison d'épanchement pleurétique par la thoracentèse. — Voici le sommaire de cette Observation : homme, dix-sept ans, garçon d'hôtel, admis à la clinique le 17 décembre 1867. Épanchement pleurétique excessif gauche datant de huit jours; toute la cavité pleurale est pleine; la matité remonte sous la clavicule; déviation du cœur. — Traitement actif pendant vingt jours : vésicatoires, purgatifs, diurétiques, inefficacité absolue, thoracentèse, issue de 3 kilos de sérosité. Injection iodée (teinture d'iode, 20; iodure de potassium, 2,0; eau, 100); la solution est laissée dans la cavité pleurale; dix jours après, convalescence établie.

en est toujours resté une certaine quantité, ainsi que le démontraient la percussion et l'auscultation; mais cette quantité était réduite à une proportion telle, que la résorption a pu s'effectuer.

Je n'ai pu constater que dans un seul cas les lésions anatomiques; elles expliquaient la cause de la terminaison funeste. Il s'était formé des fausses membranes, nombreuses et épaisses, qui partageaient la cavité pleurale en trois loges, et le trocart n'avait pénétré que dans une seule. Il était certainement impossible de soupçonner une telle disposition. La ponction n'a été pratiquée, dans ce cas, que vingt-six jours après le début de la pleurésie. N'aurait-elle pas été trop tardive?

A l'occasion de ces faits d'épanchements pleurétiques aigus qui ont nécessité la ponction du thorax, permettez-moi de rappeler succinctement quelques-unes des indications principales de cette méthode thérapeutique. Toutefois, avant d'exprimer une opinion sur son degré d'efficacité, je désire établir comme préliminaire la vérité de ces deux propositions :

1º La pleurésie avec épanchement est une maladie sérieuse, souvent mortelle.

2º La thoracentèse est exempte de danger.

I. Longtemps on a cru que la pleurésie avec épanchement n'offrait aucune gravité. Cette opinion de M. Louis est aujourd'hui abandonnée. La pleurésie peut entraîner la mort d'une manière foudroyante. En effet, dans le cours de cette maladie, alors qu'aucun symptôme inquiétant n'est survenu, la terminaison devient parfois brusquement fatale. Assez d'exemples démontrent l'exactitude de cette assertion, et l'excellente Thèse de notre confrère M. Négrié en renferme un nombre suffisant. Quant à moi, je n'oublierai jamais la mort bien inattendue d'un de nos confrères de Bordeaux.

Il était atteint d'un épanchement pleurétique du côté droit. A la suite d'une médication énergique, composée principalement de révulsifs sur la peau et les organes digestifs, une amélioration a lieu; sans motif, le liquide se reproduit avec abondance; il diminue de nouveau sous l'influence des moyens qui avaient déjà réussi. Le soir, à huit heures, je quitte notre confrère : l'examen que je venais de faire de sa poitrine m'avait rassuré. La nuit, après un sommeil très calme, il veut se relever pour changer de position, il est pris subitement d'une gêne extrême de respiration. A peine a-t-il le temps de jeter un cri pour réclamer ses parents qui veillaient près de lui, il expire.

Mon honorable confrère et ami M. Levieux nous disait, si je ne me trompe, dans son travail clinique si plein d'intérêt, que c'étaient les épanchements pleurétiques gauches et ceux dits excessifs qui amenaient la mort immédiate. On est, il est vrai, naturellement porté à penser qu'une collection de liquide dans le côté gauche entraînera plus fréquemment une syncope mortelle. Avec M. Négrié, et en m'appuyant sur des faits relatés par divers auteurs, je répondrai que la mort a été souvent la conséquence d'une pleurésie droite. J'ajouterai que les épanchements qui produisent cette terminaison si rapidement fatale ne sont pas toujours considérables. MM. Blachez et Négrié en ont cité des exemples.

Enfin, l'épanchement pleurétique, s'il dure un certain temps, peut entraîner dans les organes voisins des altérations graves, susceptibles de compromettre sérieusement l'existence.

II. La thoracentèse est exempte de danger. J'accorde volontiers qu'on a dépassé les limites de la vérité quand on a dit que cette opération était plus facile qu'une saignée, moins douloureuse et moins grave que l'application d'un vésicatoire. Toutefois, pratiquée selon les règles de l'art, conseillée avec discernement, elle me semble d'une parfaite innocuité. Je n'énumérerai pas toutes les objections qui lui ont été adressées. La plupart ont été réfutées. Il en est deux qui, néanmoins, sont encore souvent reproduites ; ce sont, il est vrai, les plus graves ; je ne les passerai pas sous silence.

On a dit : La thoracentèse est purement palliative, elle n'empêche pas le liquide de se renouveler. La reproduction du liquide n'est pas constante ; si elle a lieu, elle se fait lentement et dans une proportion qui souvent en permettra l'absorption facile. Chez nos malades qui ont guéri, on a constaté, après la thoracentèse, la présence dans la plèvre d'une certaine quantité de sérosité. Elle était bien moins abondante, et on a pu en obtenir la résorption à l'aide de vésicatoires et de purgatifs, médication qui avait été auparavant inefficace.

On ajoute : La thoracentèse favorise la transformation purulente de l'épanchement. Stokes et Wattson ont, les premiers, formulé cette crainte. A l'époque où ils l'exprimaient, elle était permise à cause de l'imperfection des procédés opératoires. Aujourd'hui, cette préoccupation n'est plus légitime. Le nombre imposant de thoracentèses faites pour des épanchements séreux et suivies de guérison, prouve qu'on ne doit pas accuser l'opération lorsque le pus remplace la sérosité. Comment expliquer d'ailleurs, *à priori*, qu'une piqûre sous-cutanée faite à un sac séreux, sans pénétration d'air dans la cavité, puisse déterminer la transformation purulente du liquide. L'analogie ne démontre-t-elle pas que la piqûre des membranes séreuses est inoffensive? N'est-il pas arrivé à chacun de nous de ponctionner plusieurs fois le péritoine dans l'ascite, la tunique vaginale pour l'hydrocèle, et de n'obtenir chaque fois qu'un liquide transparent? M. Moutard-Martin a fait observer que lorsque l'épanchement devient purulent lors d'une seconde thoracentèse, le liquide évacué par la première opération avait été trouble à la fin de l'écoulement ; de telle sorte que la suppuration de la plèvre était déjà un fait accompli, alors que le liquide paraissait simplement séreux.

Enfin, il est des individus chez lesquels la suppuration s'établit à la suite du plus léger mouvement fébrile qui trouble leur organisme. Ce n'est donc pas la manœuvre opératoire qu'on doit accuser, mais bien plutôt la constitution, l'idiosyncrasie particulière du sujet. — Dans les faits que j'ai rapportés, l'épanchement séreux n'a point subi de transformation purulente. Le doute serait-il possible pour le malade qui a subi les deux ponctions, la deuxième ayant amené l'issue d'un liquide purulent? Je ferai remarquer qu'après la première ponction, l'épanchement disparut complètement; l'individu était parfaitement guéri; il devait quitter l'hôpital. S'étant exposé à un refroidissement, il contracte une nouvelle pleurésie, qui, cette fois, devient purulente. Mais celle-ci n'est pas la conséquence ou la suite de la première; elle n'a, avec elle, aucune relation; et si, en dernier lieu, le liquide est purulent, on doit, avec juste raison, attribuer cette modification dans la composition du liquide sécrété à l'affaiblissement de l'individu dont la santé venait d'éprouver une sérieuse atteinte.

Il est à l'égard de la thoracentèse deux opinions bien tranchées : les uns la regardent comme une opération de nécessité, c'est à dire exceptionnelle, admissible seulement dans les cas où la mort est imminente par le fait même de l'épanchement; les autres en étendent l'application à des cas où, sans être immédiatement nécessaire, elle peut assurer la guérison en prévenant des accidents graves, ou même rendre cette guérison plus prompte et plus facile. En d'autres termes, les uns conseillent une intervention active, s'empressent d'opérer; les autres recommandent une certaine temporisation; ils insistent sur l'emploi prolongé des moyens médicaux. De cette hardiesse, de cette prudence, l'une et l'autre peut-être un peu exagérées, tâchons de nous préserver, et ayons sans cesse présente à l'esprit cette maxime si utile dans la pratique médicale : *In medio stat virtus.*

Quelles sont donc les indications de la thoracentèse pour qu'elle ne soit ni prématurée ni tardive?

Avant d'entrer dans les détails de ce sujet, je voudrais inscrire un précepte accepté du reste par tous les praticiens.

Toutes les fois que l'asphyxie est imminente, que cette asphyxie est due à l'abondance d'un épanchement, quelles qu'en soient la nature et la cause, il ne faut pas hésiter à opérer. Le médecin qui assisterait impassible à l'agonie d'un pleurétique, n'est pas plus excusable que celui qui recule devant la trachéotomie, parce qu'elle est difficile et incertaine dans ses résultats.

La thoracentèse offre des indications différentes suivant l'âge, la nature, la cause de l'épanchement; de là la nécessité de l'envisager dans ces diverses variétés.

1° Un épanchement aigu, modéré, ne réclame pas la thoracentèse, surtout si la fièvre est peu intense, si la respiration est facile; il devra céder à un traitement médical.

2° Que cet épanchement modéré s'accompagne de dyspnée, de fréquence dans la respiration et la circulation, l'opération sera écartée, car ces symptômes dépendent plutôt du mouvement fébrile que de la quantité du liquide épanché. L'abstention est d'autant plus indiquée que le liquide n'est pas réfractaire aux forces d'absorption de l'organisme.

3° Une pleurésie aiguë peut, dès son début, déterminer un épanchement qui, par l'excès de son volume, menace la vie de l'individu. La cavité pleurale est entièrement pleine, le poumon est comprimé, réfugié contre la colonne vertébrale;

le cœur et le foie sont déplacés, le pouls est faible, petit, fréquent, irrégulier; la dyspnée est grande. Dans cette circonstance, la thoracentèse devient une opération de nécessité; elle a une double influence : elle fait disparaître un danger immédiat, elle peut en outre devenir curative. En effet, le liquide étant enlevé, le poumon se dilate, les feuillets pleuraux se rapprochent et contractent des adhérences qui s'opposent à la reproduction de la sérosité.

4° Un épanchement séreux peu abondant dure depuis un mois. Malgré un traitement énergique, il n'a point subi de changement. La ligne de la matité est la même, il n'existe aucune menace de dyspnée ou d'asphyxie, la fièvre a cessé. Que faire pour remédier à cette inertie de la plèvre? Les uns insistent sur le traitement médical, les autres proposent la ponction; et pour appuyer leur opinion, ils montrent, d'une part, l'innocuité de la thoracentèse, les résultats brillants qu'elle fournit; d'autre part, ils font redouter le passage à l'état chronique, la possibilité de la transformation purulente du liquide; en un mot, une série d'accidents qui rendront toute médication impuissante, toute chance de guérison impossible. La thoracentèse ne doit être ici conseillée qu'avec une certaine réserve, après avoir épuisé toute l'activité d'un traitement médical.

Cependant, n'y aurait-il pas quelque inconvénient à trop différer la ponction? Le liquide épanché, véritable corps étranger, entretient dans la plèvre une irritation continue qui prédispose à une nouvelle exhalation de sérosité; celle-ci, devenue plus considérable, augmente la compression des organes thoraciques. L'obstacle mécanique apporté aux fonctions des poumons et du cœur expose à de graves dangers.

5° Qu'il s'agisse d'un épanchement séreux excessif, il occupe la totalité de la cavité pleurale. Le médiastin est déprimé, le diaphragme abaissé, le foie ou la rate refoulés dans l'abdomen, le cœur déplacé. Ces pleurésies, avec exhalation abondante, ne s'accompagnent pas en général de trouble fonctionnel. Tenant plutôt de la nature des hydropisies que de celle des phlegmasies, elles ne déterminent ni fièvre, ni douleur, ni oppression; elles sont latentes, insidieuses, sournoises (Trousseau); elles ne se révèlent que par la percussion et l'auscultation. Mais ce calme est essentiellement trompeur, ces épanchements ne sont bénins qu'en apparence, ils forment presque à eux seuls le bilan des cas de mort subite dans la pleurésie. N'attendons pas que de la dyspnée se produise pour agir; redoutons un premier accident, car ce premier accident sera la mort. L'indication de la thoracentèse est ici formelle; la ponction sera faite sans retard, la temporisation peut être funeste.

6° Si, en même temps qu'il existe un épanchement dans la plèvre, le poumon opposé devient le siége d'une bronchite capillaire, d'une pneumonie, d'un œdème, etc., etc., l'opération est urgente. La réunion de ces diverses lésions constitue un état morbide d'une haute gravité.

7° Que cet épanchement survienne chez un individu anémique, débilité par des circonstances diverses, la thoracentèse ne doit pas être retardée. Une médication active quelconque, révulsive, diurétique ou purgative ne ferait que rendre plus profond et plus sérieux l'état anémique, et favoriser le développement de la diathèse séreuse dans les autres tissus de l'économie. C'est pour ce motif que j'ai cru devoir conseiller au plus tôt la thoracentèse chez le malade de la quatrième Observation. Il était considérablement amaigri par une diarrhée chronique; il avait perdu ses forces : le traitement tonique était seul possible.

8° Si, pendant la durée de l'épanchement séreux, une syncope a lieu, elle sera considérée comme un symptôme prodromique grave, un avant-coureur funeste; l'annonce possible d'une mort subite. La thoracentèse doit être pratiquée d'urgence.

9° Les épanchements séreux chroniques constituent toujours une maladie grave. La chronicité est, en effet, une condition défavorable, qui ne permet de compter qu'imparfaitement sur les efforts de l'organisme et de l'art. — Dans ce cas, dit M. Béhier, faites une ponction exploratrice; si le poumon ne tend pas à reprendre son volume, abstenez-vous. La contre-indication de l'opération se trouve donc dans l'état du poumon, qui est bridé par des fausses membranes. Se basant sur des recherches statistiques, M. Woillez affirme qu'on ne saurait proscrire la thoracentèse dans ces épanchements anciens.

Quel parti prendre en cette circonstance? Doit-on attendre des accidents sérieux qui commandent l'opération, tels qu'une dyspnée extrême, une syncope, l'asphyxie, etc.? La ponction sera, j'en conviens, peut-être palliative; cependant elle aura son utilité, et la temporisation que nous nous imposerions au nom d'une sage prudence pourrait avoir de graves inconvénients.

Le liquide épanché, séjournant un temps plus ou moins long dans la plèvre, ne peut-il pas subir quelque altération, se modifier dans sa nature, dans sa composition, subir la transformation purulente?

Le poumon, comprimé par des fausses membranes, ayant contracté des adhérences qui l'empêchent de reprendre son volume premier, n'est plus apte à remplir les fonctions dont il est chargé; en outre, il peut devenir le siége d'altérations graves, et si quelque influence héréditaire, des conditions hygiéniques mauvaises, en favorisent le développement, il sera bientôt envahi par des tubercules. Ne voyons-nous pas tous les jours des diathèses s'établir sous l'influence de causes légères, alors que rien, jusqu'à ce moment, ne semblait devoir les faire soupçonner? Une pleurésie chronique ne peut-elle pas appeler sur les poumons une manifestation tuberculeuse, pour peu que le malade y soit prédisposé? Trousseau, dans son *Traité de clinique,* a insisté avec raison sur cette cause de phthisie pulmonaire.

Par ces motifs, et dans le but d'éviter des accidents graves ultérieurs, la thoracentèse me parait indiquée dans l'épanchement séreux chronique.

10° Un hydro-thorax peut être symptomatique d'une altération des poumons (tubercules), d'une lésion organique du cœur.

Tous les auteurs sont d'accord sur le degré de gravité d'une pleurésie se développant chez les tuberculeux; mais l'accord cesse quand il s'agit de ponctionner ces épanchements. Précisons les cas :

Si la pleurésie survient à la deuxième ou à la troisième période de la phthisie, l'abstention est commandée; mais si les tubercules sont à l'état de crudité, et si l'épanchement, par son volume, détermine une asphyxie, on doit avoir recours à la ponction. Chez le phthisique, les poumons ne remplissent qu'imparfaitement leurs fonctions; la partie inférieure est seule apte à les exécuter. Or, qu'un épanchement comprime la base de l'un des poumons : celui du côté opposé sera certainement insuffisant; de là, une imperfection de l'hématose. Et cependant, la ponction ne semble-t-elle pas contre-indiquée dans la phthisie? Elle est impuissante contre la cause première qui a produit l'épanchement; et cet épanchement ne constitue-t-il pas souvent le phénomène ultime de troubles irrémédiables de l'économie? Mais ne fait-on pas tous les jours la ponction de l'ascite, lorsque cette affection a pour cause une lésion organique, même avancée, du cœur, du foie, de la rate ou des reins? Pourquoi, dès lors, refuser la thoracentèse à celui qui, affecté d'une lésion organique du poumon, est menacé d'asphyxie ou de mort subite? N'espérez pas guérir, mais au moins cherchez à prolonger la vie, à adoucir ces derniers moments de l'existence. Legroux a pratiqué trois fois la ponction chez une femme tuberculeuse, et, chaque fois, il a obtenu une amélioration notable. Bricheteau, dans son *Traité des maladies chroniques de l'appareil respiratoire,* rapporte l'histoire d'un Anglais qui guérit de la pleurésie, après avoir subi dix-sept fois la thoracentèse.

Donc, un épanchement séreux considérable, survenant chez un tuberculeux, peut réclamer la thoracentèse, si du moins la phthisie n'est pas trop avancée.

Dans certaines maladies du cœur, la thoracentèse trouvera son application si un épanchement abondant occupe une des deux plèvres. On a cité des exemples dans lesquels elle a amené une véritable résurrection. N'est-il pas, en effet, bien difficile d'apprécier exactement la somme de résistance vitale chez les individus atteints d'affection organique du cœur? Quel est le médecin qui peut affirmer à l'avance les ressources immenses de la nature médicatrice dans les cas les plus désespérés?

Je résumerai, dans les conclusions suivantes, les diverses propositions qui ont fait la base de ce travail :

1° La pleurésie avec épanchement abondant est souvent une affection grave. Elle peut déterminer une mort immédiate ou devenir l'occasion d'états morbides qui compromettent l'existence d'une manière très sérieuse.

2° La thoracentèse, conseillée avec discernement, pratiquée suivant les règles de l'art, est exempte toujours de danger immédiat, le plus souvent d'accidents consécutifs.

3° Elle est d'une indispensable nécessité toutes les fois qu'il existe une asphyxie provoquée par un épanchement, quels que soient l'âge, la nature, la cause de cet épanchement; quels que soient les symptômes concomitants.

4° Elle est indiquée dans l'épanchement excessif, surtout si cet épanchement, ayant ou non déplacé les organes voisins, tend à augmenter, ou même s'il reste stationnaire, malgré une thérapeutique médicale énergique et suffisamment prolongée.

5° Elle peut être utile dans un épanchement modéré; toutefois, les avantages sont contestables, puisqu'il faut employer concurremment un traitement médical.

6° Elle sera pratiquée sans délai si, dans le cours d'un épanchement pleurétique considérable, le malade a éprouvé une syncope.

7° Elle ne sera pas trop différée si l'épanchement pleurétique abondant coïncide avec un état anémique ou avec une altération du poumon du côté opposé.

8° Elle est contre-indiquée dans les épanchements séreux franchement aigus tant que l'orgasme inflammatoire n'a point disparu. Le liquide peut être résorbé, et la ponction n'abrégerait pas la durée de la maladie.

9° Elle peut être conseillée dans les épanchements séreux chroniques, surtout si l'on considère les effets fâcheux produits par le séjour prolongé du liquide dans la cavité pleurale. Néanmoins, on doit être réservé sur son emploi.

10° Elle est une dernière ressource dans l'hydro-thorax qui accompagne la phthisie à la première période ou les lésions organiques du cœur, surtout si l'épanchement peut hâter la mort.

Bordeaux. — Imp. G. Gounouilhou, rue Guiraude, 11.

www.ingramcontent.com/pod-product-compliance
Lightning Source LLC
Chambersburg PA
CBHW070451080426
42451CB00025B/2707